LA ENERGÍA del viento

David and Patricia Armentrout

Rourke
Educational Media

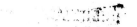

www.rourkeeducationalmedia.com

Edición de la versión en inglés: Kelli L. Hicks
Diseño de cubierta: Nicky Stratford, bdpublishing.com
Diseño interior: Teri Intzegian
Traducción: Yanitzia Canetti
Adaptación, edición y producción de la versión en español de Cambridge BrickHouse, Inc.

ISBN 978-1-61810-474-8 (Soft cover - Spanish)

Rourke Educational Media
Printed in the United States of America,
North Mankato, Minnesota

www.rourkeeducationalmedia.com - rourke@rourkepublishing.com
Post Office Box 643328 Vero Beach, Florida 32964

Contenido

CAPÍTULO UNO
El viento: Energía del movimiento

¿Alguna vez has volado una cometa en un cálido día de primavera? No podrías haberlo hecho sin viento. Tal vez hayas visto una carrera de veleros. Fue el poder del viento el que empujó los veleros por el agua. El viento es el movimiento del aire. Es una energía llamada **energía cinética**, o energía del movimiento. La energía cinética funciona activamente. ¡Significa que trabaja para nosotros!

La luz solar es energía cinética, ya que calienta e ilumina activamente la Tierra. La **energía potencial** es la energía almacenada que tiene la capacidad de hacer el trabajo más tarde. La energía química que tu cuerpo obtiene a partir de los alimentos, es una forma de energía almacenada.

Energía cinética
Energía que entra

Energía potencial

Energía cinética
Energía que sale

¿Cuál es la causa de que sople el viento? El sol calienta la Tierra de manera desigual y esto crea el viento. La Tierra no es uniforme. Tiene superficies irregulares de tierra, roca, agua y hielo. A medida que la Tierra gira y el sol brilla, las diferentes superficies absorben la energía solar a velocidades diferentes. La tierra y el agua cerca del ecuador absorben más energía solar y se calientan más rápidamente que los polos de hielo. El aire caliente se eleva de forma natural. Cuando lo hace, el aire frío se mueve para tomar su lugar, generando corrientes de aire o vientos.

El aire caliente se eleva

El aire frío se desplaza para ocupar el lugar del aire caliente.

CAPÍTULO DOS

Necesidades energéticas

La energía es importante para todos. De hecho, nadie puede sobrevivir sin energía. La energía solar calienta nuestro planeta y ayuda a crecer las plantas, y necesitamos las plantas para alimentarnos. La energía eólica también ayuda en la reproducción de las plantas mediante la **polinización**.

Combustible para reflexionar

Los **meteorólogos** nombran los vientos. Los vientos mundiales incluyen los vientos polares del este que soplan cerca de los polos y los vientos alisios que soplan cerca del ecuador. Los vientos locales incluyen las brisas marinas y los vientos que se producen por las formaciones de la tierra, como las montañas y los valles.

Vientos polares del este

Vientos Alisios

Vientos polares del este

Combustible para reflexionar

El carbón es la fuente principal del mundo para la producción de electricidad. Las centrales eléctricas que utilizan carbón lo queman para calentar agua y producir vapor. El vapor hace girar una **turbina**, cuyo eje gira en un **generador**. El generador convierte la energía en electricidad.

Necesitamos energía para producir electricidad. La electricidad hace funcionar tanto a los pequeños electrodomésticos como a las enormes máquinas industriales. Nosotros usamos la electricidad en nuestros hogares, escuelas y negocios. ¿De dónde viene la electricidad? Esta se genera a partir de varias fuentes de energía. De acuerdo con la Asociación Mundial de la Energía Eólica (WWEA, por sus siglas en inglés), el mundo genera actualmente un 1,3 por ciento de la electricidad que consume a partir de la energía eólica.

CAPÍTULO TRES

Fuentes mundiales de energía

Energía renovable

ENERGÍA SOLAR
- Energía en froma de luz y calor proveniente del sol
- Se renueva cada día cuando brilla el sol

ENERGÍA EÓLICA
- Energía del movimiento proveniente del viento
- Se renueva cada día cuando sopla el viento

ENERGÍA HIDROELÉCTRICA
- Energía proveniente del movimiento del agua
- Se renueva cada día a partir de olas y ríos que fluyen

ENERGÍA GEOTÉRMICA
- Energía en forma de calor y vapor que proviene del interior de la superficie terrestre

ENERGÍA DE BIOMASA
- Material vegetal y residuos de animales utilizados para generar energía

Los **combustibles fósiles** son fuentes de energía no renovable. Los usamos más rápido de lo que tardan ellos en formarse de manera natural. El viento es una energía renovable. Sopla un día tras otro. La tabla muestra las fuentes mundiales de energía utilizadas diariamente.

Energía no renovable

CARBÓN

- Sólido que toma millones de años en formarse
- Se obtiene de las minas en la Tierra

PETRÓLEO

- Líquido que toma millones de años en formarse
- Se bombea (se extrae) del suelo

GAS NATURAL

- Gas incoloro e inodoro que toma millones de años en formarse
- Se bombea (se extrae) del suelo

GAS PROPANO

- Gas natural que se convierte en líquido a alta presión o a baja temperatura
- Se encuentra junto al gas natural y al petróleo

ENERGÍA NUCLEAR

- Almacenada en los átomos que son las partículas más pequeñas que forman los elementos químicos
- Se obtiene del mineral de uranio que se extrae de la tierra

CAPÍTULO CUATRO

Aprovechar la energía eólica

La energía eólica se ha utilizado desde hace miles de años. Los antiguos egipcios aprovechaban la energía eólica en las velas de los barcos. Más de 5000 años atrás, los egipcios le pusieron velas a sus canoas y transportaban personas y alimentos a lo largo del río Nilo. La navegación a vela hizo más fácil y **eficiente** la pesca, los viajes, e incluso las batallas. La vela también influyó en la exploración del mundo. ¡Cristóbal Colón no podría haber viajado al Nuevo Mundo sin barcos de vela!

La vela es una práctica antigua, pero el hombre encuentra nuevas formas de utilizar la tecnología antigua. Una compañía experimenta con cometas, en lugar de velas, para aprovechar el viento en la navegación marítima. Las cometas, llamadas *skysails* (velas del cielo), parecen paracaídas gigantes. Utilizan la energía eólica para remolcar o tirar de los barcos a través del agua. Se instalan en yates, barcos de pesca y buques de carga. Las tripulaciones elevan las velas, ajustando su altura para dar con los vientos más fuertes. No sustituyen a los motores de los barcos, pero pueden reducir la necesidad de combustibles fósiles.

La energía eólica no es solo para el trabajo. Mentes creativas han inventado muchas maneras de utilizar la energía eólica para el juego. El *kitesurf* es un ejemplo. Velas enormes tiran de los deportistas que van por el agua en una tablilla. Se desplazan a 50 mph (80,4 km/h) o más. Los mejores deportistas realizan saltos de alto vuelo y hacen acrobacias en el aire.

El *windsurf* es otro deporte acuático que utiliza la energía eólica. El *windsurf* combina la vela y el surf. La tabla de *windsurf* tiene una vela adjunta. Los *windsurfistas* navegam por el agua como los marineros, y remontan las olas como buenos surfistas. En las competencias, compiten para ver quién puede ir más rápido, o realizan las más locas acrobacias.

Si piensas que la vela es solo un deporte marítimo es que nunca has oído hablar de la vela terrestre. Los yates terrestres son vehículos de vela en tierra. Son como barcos con ruedas. La vela terrestre es sobre todo un deporte de competición. Los deportistas compiten en desiertos, playas o lechos de lagos secos. Son bastante rápidos. Algunos van casi a 70 mph (112,6 km/h). Los yates de hielo son los yates terrestres que navegan sobre hielo o nieve. Pero en vez de rodar sobre ruedas, se deslizan en patines.

Los barcos modernos, los botes y otras embarcaciones pequeñas usan velas para capturar la energía eólica. Y es fácil entender por qué. El viento es gratis, limpio y renovable. Proporciona energía para el transporte y la recreación, pero ¿qué más puede lograr la energía del viento?

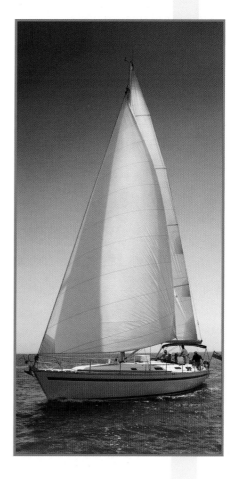

CAPÍTULO CINCO

Molinos de viento

Puede que los molinos de viento sean las primeras máquinas impulsadas por el viento. Estos convierten la energía eólica en **energía mecánica**. Los historiadores creen que en Persia (donde ahora se encuentra Irán) se utilizaron por primera vez los molinos de viento para triturar los granos, entre los siglos sexto y octavo. Los molinos de viento tenían varias astas verticales con velas. Dispuestas en círculo, las velas giraban en el viento sobre una rueda moledora. Los persas utilizaron el mismo diseño del molino de viento para bombear el agua y regar o **irrigar** los cultivos.

Los europeos construyeron los molinos de viento de torre alrededor del siglo XII. Es el diseño de molino de viento con el que muchas personas están familiarizadas hoy. Sus aspas giran igual que las velas en un molinillo de juguete.

Los Países Bajos es un país famoso por sus molinos de viento. Es una región de tierras bajas en Europa que se han inundado muchas veces a través de la historia. A comienzos del siglo XIII, los holandeses construyeron molinos de viento para drenar las áreas que estaban por debajo del nivel del mar. También usaron molinos de viento para moler granos. Alguna vez, cerca de diez mil molinos de viento decoraban el paisaje de los Países Bajos. Hoy en día, quedan un poco más de mil.

Cuando los europeos colonizaron América, trajeron con ellos sus diseños de molinos de viento. Los molinos de viento jugaron más tarde un importante papel en la expansión hacia el oeste de Estados Unidos. A medida que la construcción de ferrocarriles se desplazaba hacia el oeste, avanzaba también la construcción

de molinos de viento. El ferrocarril utilizaba el agua, extraída de la tierra con la energía eólica, para sus locomotoras de vapor. Los ganaderos, agricultores y colonos también usaban bombas con el fin de extraer agua para el ganado y los cultivos. La vida en las Grandes Llanuras en los años 1800 habría sido difícil sin molinos para extraer agua.

Combustible para reflexionar

La producción de molinos de viento se disparó en la década de 1900. En 1920, los fabricantes americanos de molinos de viento producían alrededor de 100 000 plantas de bombeo agrícolas al año. La producción se redujo después de que compañías de energía instalaran líneas de electricidad.

CAPÍTULO SEIS

Turbinas de viento

Una turbina de viento es una máquina moderna que convierte la energía eólica en energía eléctrica. Hay diferentes tipos de turbinas. El tipo más común es la turbina de eje horizontal. Un diseño moderno de este tipo de turbina se parece a una hélice de avión gigante colocada en una torre.

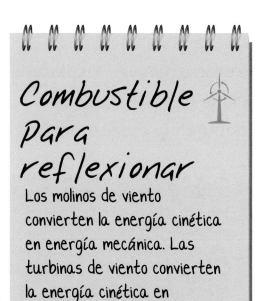

Combustible para reflexionar

Los molinos de viento convierten la energía cinética en energía mecánica. Las turbinas de viento convierten la energía cinética en electricidad, una energía potencial, la cual realizará luego el trabajo.

CAPÍTULO SIETE

Cómo funcionan las turbinas

Una turbina eólica moderna tiene tres componentes básicos: un rotor, un generador y una torre soporte. El rotor es un sistema de rotación de aspas. El generador es una máquina que convierte la energía en electricidad. Recibe la energía cinética de las aspas a través de un eje y un sistema de engranajes. El generador y otras partes se asientan dentro de una pieza llamada **góndola**. La torre, de acero tubular, celosía de acero, o de concreto, sostiene la góndola y el rotor.

La góndola
*contiene los componentes
que generan electricidad*

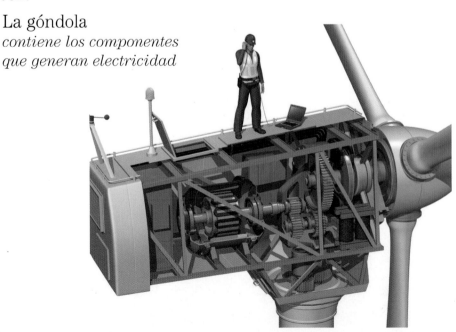

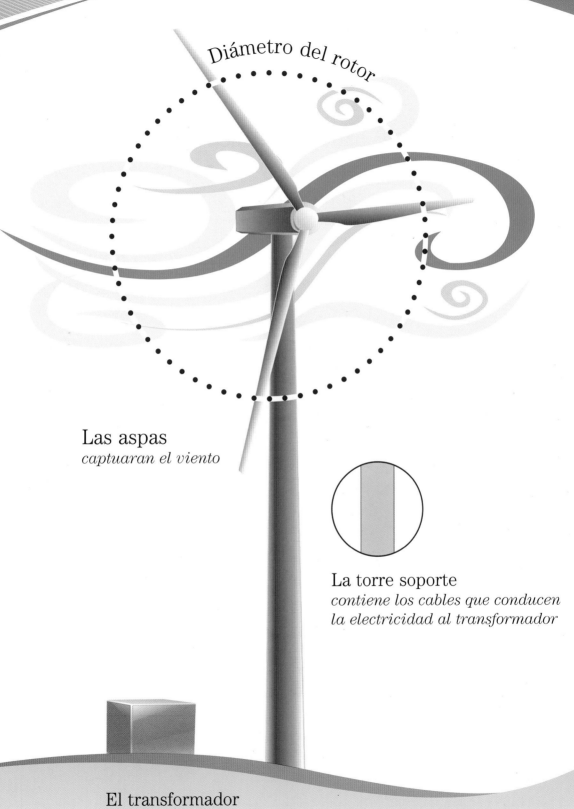

Diámetro del rotor

Las aspas
captuaran el viento

La torre soporte
*contiene los cables que conducen
la electricidad al transformador*

El transformador
*cambia el voltaje de la electricidad
para que pueda transferirse*

Las turbinas de barlovento tienen aspas de cara al viento. Se requiere un motor y una **veleta** especial para mantener las aspas apuntando en la dirección correcta.

Las turbinas de sotavento funcionan de espaldas al viento y no necesitan un motor especial. En ambos sistemas, el viento sopla sobre las aspas haciendo que se eleven y giren. Las aspas hacen girar el eje del engranaje del sistema, que a su vez hace girar el generador que convierte la energía eólica en electricidad.

CAPÍTULO OCHO
Potencia de las turbinas

¿Cuánta electricidad puede producir una turbina? Esto depende del tamaño de la turbina, la velocidad del viento, y muchos otros factores. Así como la electricidad se mide en vatios, de igual forma la industria establece la potencia de la turbina eólica. Se refieren a la energía eólica como la capacidad. La capacidad de una turbina pequeña oscila entre 250 vatios y 100 kilovatios. ¡Las turbinas más grandes tienen una capacidad de seis megavatios!

Combustible para reflexionar

El vatio es una unidad de energía que se utiliza para medir el flujo de electricidad.

Kilovatio
mil vatios

Megavatio
un millón de vatios

Gigavatio
mil millones de vatios

CAPÍTULO NUEVE

Sistemas eólicos pequeños

Un sistema eólico pequeño genera electricidad para los hogares, granjas y pequeños negocios. Los sistemas eólicos pequeños necesitan mucho espacio para operar. Estos benefician a las personas que viven en zonas aisladas donde no hay acceso a una **red** eléctrica. Algunas personas los instalan para reducir o eliminar la electricidad que reciben de empresas de servicios públicos.

Combustible para reflexionar

Un ventilador eléctrico tiene aspas giratorias al igual que una turbina de viento, pero funciona a la inversa. La electricidad hace girar las aspas de un ventilador y genera viento. El viento hace girar las aspas de una turbina y genera electricidad.

CAPÍTULO DIEZ

Parques eólicos

¿Qué ocurre cuando se agrupan varias turbinas en un mismo lugar? Se crea un parque eólico. Los parques eólicos producen electricidad para las redes eléctricas. Las redes de distribución de energía eléctrica llegan a muchos hogares y negocios. Los parques eólicos pueden tener unas pocas turbinas, o cientos de ellas. Dependiendo del número de turbinas y de su tamaño, un parque eólico genera suficiente electricidad para cientos o incluso miles de hogares.

CAPÍTULO ONCE

Los vientos del mundo

Hay miles de parques eólicos en más de 70 países. Alemania tiene más parques eólicos que cualquier otro lugar del mundo. Una empresa alemana construye las turbinas más grandes del mundo, y se han instalado varias de ellas. Las máquinas gigantes tienen 453 pies (138 metros) de altura. Los diámetros de los rotores tienen 413 pies (126m).

Los Estados Unidos ha sido el líder de nuevas instalaciones durante los últimos tres años. La capacidad de la energía eólica de EE.UU. es de más de 16,8 gigavatios. Eso es energía suficiente para abastecer a cerca de 4,5 millones de hogares.

Dallas ★

Parque eólico Horse Hollow

Houston ★

Texas, genera más energía eólica que cualquier otro lugar en los EE.UU. Es el hogar del parque eólico más grande de los EE.UU. y del mundo. El parque eólico Horse Hollow se extiende por 47 000 hectáreas. Cuenta con 421 turbinas eólicas con una capacidad de 735 megavatios.

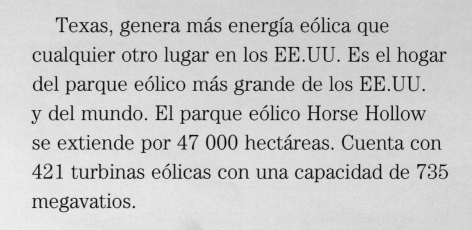

Combustible para reflexionar

¿Cuál es la capacidad de la la energa eólica del mundo? Según la WWEA, la capacidad mundial llegó a 93,8 gigavatios a finales de 2007.

CAPÍTULO DOCE

Ventajas y desventajas

La energía eólica tiene muchas ventajas. La mayor ventaja es que la energía eólica es energía verde. La energía verde es generosa con el medio ambiente. Las turbinas eólicas no queman combustible. Por lo tanto, no generan **emisiones** de gases nocivos en el aire.

Por supuesto, las turbinas eólicas necesitan del viento para generar electricidad. Esa es una de las desventajas de la energía eólica. Muchos lugares en el mundo no tienen vientos suficientes para crear un parque eólico. Además, algunas personas se oponen a nuevos parques eólicos debido a su tamaño, aspecto y al impacto que tienen sobre la vida silvestre.

La turbina eólica tiene algunas desventajas. La mayor desventaja es que los grupos de conservación afirman que las migraciones de aves y murciélagos sufren debido a que en ocasiones vuelan hacia los rotores giratorios de la turbina. Las agencias gubernamentales, fabricantes de turbinas y grupos ecológicos estudian las trayectorias de vuelo de estos animales antes de construir nuevos parques eólicos.

eL VieNTo...

es la fuente de energía de más rápido
crecimiento en todo el mundo.

· ·

su energía no puede suministrar toda la potencia
que necesita una sola área.

· ·

los productores de energía a menudo reciben un
crédito fiscal por parte del gobierno.

· ·

los parques eólicos se instalan en un período de tiempo
relativamente corto en comparación con las plantas de
combustibles fósiles, y no contaminan cuando generan
electricidad.

· ·

los parques eólicos cubren muchos acres que terreno.

...PERO

es costoso para iniciar un sistema, y no todos los lugares tienen suficiente viento como para beneficiarse de este.

. . . .

podemos combinar sistemas eólicos con otras energías renovables, tales como sistemas de energía solar, creando un sistema híbrido.

. . . .

los créditos fiscales vencen. La gente tiene que instar al gobierno a renovar los créditos para que las empresas se animen a instalar más parques.

. . . .

las fábricas que producen las piezas de las turbina eólicas, generalmente queman combustibles fósiles.

. . . .

las empresas de energía arriendan tierras a los agricultores y ganaderos. Los propietarios ganan dinero, los cultivos tienen espacio para crecer y el ganado tiene espacio para pastar.

CAPÍTULO TRECE

Un trabajo de todos

Todos los programas de energía tienen ventajas y desventajas. Muchas personas ven los problemas de manera diferente, pero si las personas trabajan juntas, se pueden encontrar soluciones responsables.

Agencias como el Departamento de Energía de EE.UU., la Asociación Mundial de Energía Eólica, y la Asociación Estadounidense de Energía Eólica trabajan duro para apoyar el crecimiento de energías renovables. Las compañías eléctricas hacen su parte también.

Con la investigación constante y los avances en la **tecnología**, la energía eólica será más eficiente y menos costosa. Así, más personas podrán aprovechar esta energía gratuita, limpia y renovable, ¡y el planeta se beneficiará también!

CAPÍTULO CATORCE

Cronología de la energía eólica

500 a 900 a. C.

Los persas desarrollan molinos de viento para moler granos y bombear agua.

Finales de 1100

Los ingleses desarrollan los molinos de viento para moler granos.

Años 1300

Los holandeses desarrollan los molinos de viento para drenar el agua de las zonas bajas.

Años 1600

Los holandeses colonizan Nuevo Amsterdam (hoy Nueva York) e introducen sus diseños de molinos de viento al Nuevo Mundo.

Años 1800

Los molinos de viento comienzan a llenar las Grandes Llanuras de América a medida que el ferrocarril y los colonos van hacia el oeste.

1888

Charles Brush construye el primer molino de viento generador de electricidad en Cleveland, Ohio. Más tarde, la General Electric compra su empresa.

Años 1920

Las turbinas eólicas generan electricidad para miles de zonas rurales a través de las Grandes Llanuras.

1941

Comienza a funcionar en Vermont la primera turbina eólica con capacidad de megavatios.

Años 1970

El gobierno de EE.UU. y la NASA trabajan juntos para mejorar la tecnología de las turbinas eólicas.

1971

El primer parque eólico marino opera frente a la costa de Dinamarca.

1973

El precio del petróleo aumenta, provocando gran interés en las energías renovables.

1977

Se crea el Departamento de Energía de los Estados Unidos. Comienza a operar en Boulder, Colorado, el Laboratorio de Energía Renovable, (antiguamente Instituto de Investigación de la Energía Solar).

Años 1980

El gobierno de EE.UU. ofrece créditos fiscales por el uso de las energías renovables.

Los parques eólicos de California proveen energía a 250 000 hogares.

Años 1990

Turbinas eólicas más eficientes reemplazan a los primeros modelos en California.

Años 2000

El interés en la energía eólica crece a medida que los precios de los combustibles fósiles aumentan y sus fuentes disminuyen.

Glosario

combustibles fósiles: carbón, petróleo o gas natural formados a partir de restos de plantas y animales prehistóricos

eficiente: trabajar sin desperdiciar energía

emisiones: compuestos químicos nocivos liberados al aire

energía cinética: energía del movimiento

energía mecánica: energía del movimiento que se transforma en trabajo

energía potencial: energía que es posible

generador: máquina que convierte la energía en electricidad

góndola: en este contexto, es el recinto o lugar donde se coloca el motor

Acerca de los autores

David y Patricia Armentrout se especializan en libros de no-ficción para niños. Disfrutan cuando investigan sobre diversos temas y han escrito sobre muchos de estos temas, que incluyen los deportes, los animales, la historia y los seres humanos. A David y Patricia les encanta pasar tiempo al aire libre con sus dos niños y con Max, su perro.

Sitios en la internet

www.doe.gov/forstudentsandkids.htm
http://powerhousekids.com

Más información

Morris, Neil. *Wind Power.* Black Rabbit Books, 2007.

Povey, Karen. *Energy Alternatives.* Gale Group, 2007.

Spilsbury, Louise and Richard. *The Pros and Cons of Wind Power.* Rosen Publishing, 2007.

Índice

industrial: que tiene que ver con las fábricas y otros negocios

irrigar: regar, suministrar agua a los cultivos con un sistema de tuberías y canales

meteorólogos: personas que estudian la atmósfera de la Tierra

polinización: transferir o trasladar el polen de las plantas

red: sistema que transmite y distribuye la electricidad desde las centrales eléctricas hasta los consumidores

tecnología: valerse de la ciencia y de destrezas para mejorar las cosas

turbina: motor impulsado por aire, agua, vapor o gas

veleta: dispositivo que gira para mostrar la dirección del viento

industrial: que tiene que ver con las fábricas y otros negocios

irrigar: regar, suministrar agua a los cultivos con un sistema de tuberías y canales

meteorólogos: personas que estudian la atmósfera de la Tierra

polinización: transferir o trasladar el polen de las plantas

red: sistema que transmite y distribuye la electricidad desde las centrales eléctricas hasta los consumidores

tecnología: valerse de la ciencia y de destrezas para mejorar las cosas

turbina: motor impulsado por aire, agua, vapor o gas

veleta: dispositivo que gira para mostrar la dirección del viento

Índice

Más información

Morris, Neil. *Wind Power.* Black Rabbit Books, 2007.

Povey, Karen. *Energy Alternatives.* Gale Group, 2007.

Spilsbury, Louise and Richard. *The Pros and Cons of Wind Power.* Rosen Publishing, 2007.

Sitios en la internet

www.doe.gov/forstudentsandkids.htm

http://powerhousekids.com

Acerca de los autores

David y Patricia Armentrout se especializan en libros de no-ficción para niños. Disfrutan cuando investigan sobre diversos temas y han escrito sobre muchos de estos temas, que incluyen los deportes, los animales, la historia y los seres humanos. A David y Patricia les encanta pasar tiempo al aire libre con sus dos niños y con Max, su perro.